RÉPONSE

DE

FRÉDÉRIC BILLOT,

Avocat de *l'Etoile du Gard*,

A LA

GAZETTE DU BAS-LANGUEDOC.

NIMES,

Typographie et Lithographie BALDY & FABRE,

Rue Sainte-Ursule, 1.

(1850)

Il y a trois mois bientôt que la *Gazette du Bas-Languedoc* m'a attaqué dans ses colonnes, à l'occasion d'un procès en diffamation dont il m'est interdit de parler.

J'ai répondu à ses insultes ; et elle n'a tenu aucun compte de ma réponse à elle adressée dans les formes ordinaires d'abord, et ensuite signifiée par huissier.

Je ne puis accepter silencieusement les paroles pleines de fiel de la *Gazette* ; cette feuille a été, vis-à-vis de moi, plus que vive ; elle a été injurieuse.

Etranger aux habitudes de la *Gazette*, je n'ai nulle envie de lui faire un procès ; je me borne à lui répondre ; le public jugera.

Quelle que soit la colère aveugle de cet organe de publicité et la fièvre qui le consume, et que des satisfactions judiciaires mêmes ne tempèrent pas, nous lui dirons :

Les hommes du Droit National, que vous insultez, sont les reins de la Monarchie; les absolutistes n'en sont que les mandarins.

Les hommes du Droit National sont des Soldats ; les absolutistes des valets.....

Frédéric BILLOT.

Arles-sur-Rhône, le 14 décembre 1850.

RÉPONSE

DE

FRÉDÉRIC BILLOT,

Avocat de l'Etoile du Gard,

A LA GAZETTE DU BAS-LANGUEDOC.

I

Vous m'attaquez à outrance, *Gazette* : j'accepte la lutte.

Etes-vous bien sûre, *Gazette*, que vos coups ont porté? Je ne sais si la violence a fait naitre en moi l'insensibilité; mais je vous déclare, jusqu'à présent, que je ne sens aucune contusion et que je ne remarque aucune meurtrissure. Auriez-vous, comme Antelle, frappé seulement l'air pour recevoir, bientôt après, les horions de Darès? C'est ce que nous verrons bientôt...

Je ne puis m'empêcher de vous témoigner, avant tout, mon admiration pour vos deux belles apostrophes, tout-à-fait dignes des temps antiques, que voici :

LA GAZETTE VOUS CONNAIT, MONSIEUR !!

CET HOMME, C'ÉTAIT VOUS, CITOYEN !!!

Cette antithèse ou, si vous voulez, ce contraste du *monsieur* et du *citoyen* est d'un effet charmant. Vous n'avez rien dit de mieux, *Gazette*, et de plus académique à la Constituante ou à la Législative, où vous êtes si bien représentée. Si vous avez cherché l'effet, vous l'avez produit. C'est la première fois, je vous assure, qu'on vous écoute sans dormir....

Permettez-moi de vous dire, *Gazette*, avant toute réfutation de vos articulations légèrement bilieuses, que votre attaque envers moi est *peu loyale*. Voyez : sous un prétexte ridicule *d'injustes et violents reproches* que *ma défense aux abois* vous aurait adressés (Ne m'attirez pas sur ce terrain, je vous prie, petite perfide ; vous savez que vous avez plus gagné que moi au silence de la presse. Il n'est pas généreux, de votre part, de me grimacer, quand je ne puis pas vous atteindre.), vous me répondez *en nom collectif*, sous la raison sociale *Gazette du Bas-Languedoc et Comp*[e], qui a été, jusqu'à ce jour, pour le public, une véritable société anonyme. De sorte que je ne puis, à mon tour et à mon grand regret, vous appeler ni *monsieur*, ni *madame*... — Vous auriez dû, ce me semble, comprendre que je ne pouvais pas, que je ne devais pas être attaqué par un être de raison, un être creux comme celui que représentent ces mots : *Gazette du Bas-Languedoc*, espèce de cheval de bois renfermant des athlètes nombreux dont le public aurait été curieux de mesurer la stature. Il faut savoir à qui l'on parle; et vous auriez été gracieuse, ardente *Gazette*, de me donner un échantillon des individualités qui brillent dans votre sein. — Vous ne prétendrez pas, je pense, que vous êtes tout entière dans un directeur, qui n'écrit pas, ou dans un gérant, qui ne s'occupe pas plus de politique que de littérature. Les feseurs sont donc ailleurs, et puisqus vous êtes assez mystérieuse pour cacher leurs noms, j'aurai l'indiscrétion de les découvrir, parce que, *Gazette* ma chère, vous n'êtes rien que par eux, vous ne seriez rien sans eux. — Pourquoi ne serais-je pas aussi poli que vous et ne substituerais-je pas aussi *monsieur* à *Gazette*, qui, voyez-vous, ressemble beaucoup, dans le Gard, à un terme de mépris ? ainsi convenu.

Cela posé, pudibonde *Gazette*, je suis assez hardi, puisque vous m'y forcez, pour porter une main audacieuse sur votre voile virginal, afin de reconnaître, d'après Tinguy, la pleïade de vos charitables insulteurs... — Je passe rapidement à côté du grand-prêtre du burgraviat nimoi et du lévite, son fils, comme qui dirait vulgairement : MM. Boyer père et fils. — Pour être à peu près complet, je range à la hâte, à côté d'eux, les Blanchard et les Béchard ; et nous avons ainsi le contingent de la phalange qui a aiguisé les armes dont vous vous servez si bien contre moi. Je passe sous silence certains alliés que je signalerai en temps et lieu et que je dois dédaigner aujourd'hui. — Ainsi, bien convenu que quand on déchire le voile social par un petit coin, on aperçoit, se gaudissant, les quatre figures que nous venons d'indiquer : c'est ce que je tenais à faire connaître au public.

J'ai une particularité de plus à lui apprendre : car il faut qu'il sache tout, le public. C'est que celui des quatre qui est signalé, par la voix publique, comme ayant chargé la pièce, est le malicieux Béchard qui, deux jours avant, dans notre ville, au scandale de beaucoup de gens, se promenait, bras dessus bras dessous, avec un *quidam* que nous désignerons mieux ci-après et qui est si éloigné de tous vos principes, bonne *Gazette*..... — Pauvre Béchard ! quelles singulières alliances l'aveuglement vous fait faire ! Vous êtes donc, à Arles, ce que vous êtes à Paris !...

II

Vous n'avez saisi qu'un prétexte, *Gazette*, et le plus ridicule de tous. — Si l'*Etoile* en avait fait autant, elle aurait été impitoyablement poursuivie de par la loi du 27 juillet 49 ; mais elle n'a pas vos privilèges.

N'importe, vous vous fâchez jusqu'à la colère et vous vous dressez comme un serpent sur sa queue, pour me reprocher des paroles que j'ai rappelées et qui n'étaient qu'une réponse bien simple aux attaques du défenseur de votre ami, à l'endroit des *effacés*, que je n'ai pas même, à l'occasion de cette attaque, effleurés d'un reproche, quoique vous sachiez qu'ils en méritent tant. — Je laisse donc pour le compte de votre logomachie, et les *égarements* de *logi-*

que et *les écarts de parole* qui paraissent avoir si vivement touché l'auteur de l'article auquel je réponds. Veuillez lui dire, *Gazette*, que je suivrai ses conseils et que je lirai, désormais, attentivement, ses élucubrations. Je connaissais déjà son caractère, comme je connais les vertus qui vous recommandent à l'attention publique.

Mais puisque nous en sommes, *Gazette*, non aux récriminations mais aux communications intimes, permettez-moi de vous signaler aussi quelques-uns de vos défauts. Convenez avec moi, cette fois sans vous fâcher, que vous en poussez quelques-uns de l'insolence jusqu'au cynisme, lorsque vous traitez, par exemple, M. de Lourdoueix de *Tartuffe !...* — lorsque vous suspectez la moralité de l'auteur des *Elévations et Prières !...* — lorsque vous ricanez, ma chère, de ce que vous ne comprenez pas ou ne voulez pas, dans votre fausse honte, comprendre, en attaquant, sans convenance, sans dignité, l'un des plus profonds penseurs de notre époque, l'une des gloires de notre pays, comme Genoude, son devancier.

III

Je tenais à ces observations préliminaires, avant de répondre à ce qui me touche plus directement.

Vous attaquez en moi l'homme de février et de mars 1848 : je vous en remercie.

Je vous observe seulement que vous n'avez pas le mérite de l'initiative. Un journal *démocrate-socialiste* d'Arles, auquel nous ne permettons pas plus qu'à vous de nous entamer, m'a fait, sous ce rapport, la guerre la plus acharnée, guerre qui avait pris, en partie, naissance dans une insulte faite aux habitants du Gard domiciliés dans notre ville et que l'*Etoile des Bouches-du-Rhône* a vengés..... — Le rédacteur en chef de ce journal rouge est précisément celui que M. Béchard serrait, ici, affectueusement dans ses

Bras, il y a quelques jours; c'est probablement de lui que M. Béchard tient les communications sur lesquelles s'est complaisamment arrêtée sa colère. Quoiqu'il en soit, M. Béchard a recueilli ces documents, et il vient de s'en servir comme d'une bonne fortune. Les injures qu'il m'adresse le soulagent un peu des meurtrissures du 21; grand bien lui fasse!

J'ai répondu au journal rouge, et j'ai eu lieu de penser que mes réponses avaient embarrassé la réplique que j'ai vainement attendue. Comme je n'ai pas deux manières d'expliquer ma conduite, vous me permettrez de vous rappeler ici, en partie, ce que je répondais à l'organe des intérêts socialistes, dans les numéros de l'*Etoile des Bouches-du-Rhône* des 4 août et 8 septembre derniers:

« Je dois le dire de suite: si j'avais eu le malheur, à une époque quelconque de ma vie, de dire ou d'écrire quelque chose qui ait pu, un moment, m'assimiler, sans leur faire injure, aux hommes auxquels je réponds, j'en demanderais, du fond de l'âme, pardon à Dieu et aux hommes; — et Dieu et les hommes me pardonneraient. Qu'on prenne acte de cet aveu.

» J'ai fait *honneur à l'énergie nationale des mémorables journées de février*; je persiste dans cette pensée.

» J'ai dit, en mars 1848, que la République était le *premier article de notre droit public*, puisqu'elle était proclamée PAR LA VOIX DE TOUS. — Ceci a besoin d'explications:

» Pour que cette seconde pensée fût vraie comme la première, il faudrait que la République eût été proclamée *par la voix de tous*. Mon appréciation était fausse, la République n'a été proclamée que par une faction usurpatrice des droits de la nation; celle-ci n'a point été consultée, quoique Lamartine et Ledru-Rollin l'eussent solennellement promis: ce sont là des faits acquis à l'histoire, que jai relevés dans plus d'une circonstance publique que le *Vote Universel* se garde bien de rappeler.

» Je vais plus loin que la feuille démocratique, et je m'accuse d'avoir crié: vive la République, vive la souveraineté nationale, dans une manifestation faite, à peu près à la même époque, auprès de la commission provisoire de notre ville, à la tête des travailleurs et des marins, qui se ressouvenaient encore, dans ces premiers jours, que, pendant 18 ans, je les avais défendus contre l'oppression et l'arbitraire de certains hommes de 1830, et qui, depuis, sans que je le regrette, se sont rangés sous la bannière de ceux qui, alors, les dédaignaient...

» Dire : vive la République! en mars 1848, c'est un crime commun à bien d'honnêtes gens. MM. les partisans du *Vote Universel*, rappelez-vous qu'après le 24 février, il n'y avait plus de gouvernement que le gouvernement de tous, le gouvernement de la chose publique, qu'on ne peut jamais abandonner; — il y avait ce gouvernement républicain qui, en France, n'a jamais été et ne sera jamais que provisoire. C'était, comme dit Alexandre Weil, un gouvernement qui en attendait un autre. République en mars 1848, indiquait un trait d'union entre un gouvernement détruit et un gouvernement à naître. Voilà la vérité. — Il n'y a rien, jusqu'à ce jour, de jugé nationalement contre de tels principes.

» Vive la République! messieurs; des millions de légitimistes l'ont crié en février, et ils aimeraient mieux le crier encore, que de saluer un roi bâtard issu des d'Orléans. Cette préférence, il faut vous le dire, n'indique point une affection, mais un moindre degré dans nos répugnances. — Les arbres de la liberté, dans le Gard et ailleurs, ont été plantés par les légitimistes, comme ils seront, le cas échéant, renversés par eux.

» Et vous, messieurs, puisqu'il faut vous le rappeler, que fesiez-vous avant février? Si je vous bluttais à mon tour, passez-moi le mot, croyez-vous qu'il restât beaucoup de fine fleur de république! Mais je ne veux pas vous entamer; vous connaissez mon profond dégoût pour les personnalités, et j'aime mieux vous dire ce qu'à côté de vous, étaient ceux que vous attaquez :

» Vous savez que, sous le régime de corruption de février, nous n'avons pas failli à notre devoir; et cependant, 1830 n'avait pas manqué de nous offrir des faveurs que nous avons dédaignées. — Vous savez que nous n'avons pris part à aucune des joies des pritchardistes et des satisfaits; que nous n'avons servi de tapisserie à aucune de leurs fêtes, et que nous ne nous sommes repu ni de leurs mets, ni de leurs vins exquis. Vous savez, au contraire, que ce régime de 1830 nous a inondé de tribulations, sans nous empêcher de porter haut notre drapeau qu'il nous a fallu défendre, quelquefois au péril de nos jours, contre des hommes de cœur qui ne cachaient pas leur nom, et qui savaient, malgré l'hostilité de leurs principes, rendre hommage à l'honneur et à la loyauté de notre caractère.

» Eh bien ! lorsque le jour de la justice de Dieu a sonné, nous avons levé les bras au ciel, et nous avons applaudi au coup de tonnerre de février. Nos poitrines oppressées par 18 ans de dissolution morale et politique, avaient besoin de s'épancher à la vue des débris fumants de ce trône usurpé. Nous avons voulu, dans les premiers jours, mettre en suaire le squelette frappé par la foudre. Voilà l'hommage que nous avons rendu et que nous ne cesserons de rendre à février.

» Continuez, si cela vous plaît, à penser que je suis parjure à mes convictions. Ne reconnaissez pas, maintenant que j'ai été avant mai, républicain comme Genoude, comme Larochejaquelein et même comme Berryer; ne reconnaissez pas que nous étions tous républicains, parce que nous attendions l'expression des vœux de la France, parce que nous attendions l'avenir : cela m'importe peu.

» Mais vous reconnaîtrez, au moins, que mon républicanisme trompé n'a pas eu de longues illusions, et qu'il a eu bientôt fait justice de votre fraternité . . . . »

« La restauration a sanctionné la plupart des conquêtes de « 1789. Louis XVIII n'était, à vrai dire, que le représentant » d'une *république monarchique* (voilà ce qu'on aurait dû souligner avec ce qui suit), avec un système bâtard de représentation nationale, copié des Anglais, que nous avons imités » dans la forme, sans leur ressembler en rien au fond. » — Il y a là toute *la république à la base et la monarchie au sommet* de l'immortel Genoude. — Il y a ce que disait Agathias, dès le VIe siècle, *une république qui a pour chef le droit héréditaire.* — Et puis, que pouvez-vous avancer de plus vrai que ce que je dis de ce *système bâtard* de représentation, de ce *double vote* qui a ressuscité des idées mauvaises *en doublant la valeur du riche?* Mais je proclame aujourd'hui, plus énergiquement que jamais, les mêmes idées. De grâce, messieurs, veuillez avoir la bonté de me citer de nouveau, et de me souligner d'un bout à l'autre, même quand vous en serez à cet endroit : *le grand fait du XIXe siècle, c'est la lutte immense de la démocratie contre les couronnes...* Oui, et ce n'est pas la première fois que nous le disons, il y a eu réaction contre la royauté, parce qu'elle ne faisait pas son devoir. Les révolutions, comme le dit Alexandre Weil, punissent les torts des rois comme les crimes des peuples. Le tort de la royauté, nous ne le dissimulons pas, quoique son initiative ait été entravée par les prétentions parlementaires et les luttes de la réforme, est d'avoir cessé, pendant 175 ans, de convoquer les États-Généraux.

» Lorsqu'avant février, nous demandions l'abolition de tous les monopoles, — lorsque, depuis février, nous réclamons le droit commun, le droit pour tous, l'égalité politique, — lorsque nous imposons une flétrissure à la loi des 17, — lorsque nous protestons contre une prorogation de pouvoirs présidentiels, — lorsque nous demandons non une révision de Constitution, mais un appel à la France, nous ne disons et nous ne proclamons pas autre chose.

» Nous allons plus loin, et nous disons aux rouges, aux burgraves comme aux bleus : le Droit National n'est courbé sous l'influence de personne ; il ne se place ni dans les régions de l'obéissance passive, ni dans celles du bon plaisir. Le Droit National est dans la conscience du peuple ; c'est la liberté dans sa plus grande et sa plus majestueuse expression ; le Droit National, c'est la voix du pays qui doit répondre au premier appel : *république* ou *monarchie*, *élection* ou *hérédité*. »

Voilà, messieurs de la *Gazette*, ce que je répondais aux rouges, ce que je répondais à celui qui a précisément instruit M. Béchard ; — voilà un débat épuisé et dont vous ressaisissez les éléments avec une sainte fureur qui vous honore ; — voilà les lambeaux que vous êtes venus mendier à la presse socialiste, qui a eu la pudeur de se taire en cet endroit, parce qu'elle a compris que les dents de sa rage s'émousseraient sur celui qui, pendant vingt ans, a porté avec honneur, il ose le dire, le véritable drapeau de la Droite dont le dernier tronçon vient de s'échapper de vos mains.

Après cela, messieurs de la *Gazette*, que, pour votre innocente satisfaction et pour le succès d'un jour, il vous plaise de dire que je *courais les clubs*, que j'*exaltais la République*, que je *prêchais l'impôt progressif*... — Je vous mets au défi de citer un club démocrate-socialiste où j'ai mis les pieds. Je vous mets au défi de citer un club où j'ai exalté la République. Je vous mets au défi de prouver que j'ai prêché l'impôt progressif et dit un mot qui ressemble, sous ce rapport, aux doctrines subversives que je combats tous les jours. Citez toutes mes paroles, et elles vous convaincront d'imposture.

Vous en imposez donc insolemment au public. Et celui qui calomnie n'est plus un honnête homme !

A propos d'*exaltation de République*, permettez moi de ne pas vous rappeler tout ce qu'ont dit, à la même époque, vos amis les plus intimes et jusques à l'honorable défenseur du plaignant du 21. On y trouverait des *courses*, des *exaltations* et des *prédications* bien autrement significatives que celles que vous soulignez. — Ne pourrais-je pas aussi vous rappeler, avec plus de vérité, que, sous la Constituante, M. Béchard soutenait, dans la Chancellerie, une thèse sur *l'impôt progressif* que Barbès lui-même, je regrette de le dire, n'aurait pas désavouée ! — Et puis les *bons hypothécaires*..... mais, silence !

Je veux aller plus loin avec vous, messieurs; je veux admettre que moi, qui avais un peu plus souffert que ceux de vos rédacteurs qui recevaient des indemnités de M. de Genoude, j'eusse, sous l'influence de l'enthousiasme qui m'animait à la vue de la chûte de l'usurpateur de 1830, plus chaudement que d'autres, si vous le voulez, crié *vive la République* et fait dresser, dans une réunion populaire, l'acte de décès du juste-milieu, cela ne s'expliquerait-il pas, ne se justifierait-il pas ? Hélas ! mon exaltation n'a pas même eu ses cent jours ! En peu de temps mes joies se sont effacées, parce que les vôtres commençaient... Dès ce moment, j'ai dû me séparer des tuberculeux de la politique.

Je veux vous donner une satisfaction plus complète encore et supposer, un moment, que j'ai été, pendant quelques semaines, le plus ardent des républicains.... Seriez-vous bien venus, messieurs, à me le reprocher, si je venais loyalement déclarer mon erreur à la face de mon pays ? Ne devriez-vous pas plutôt accueillir, avec empressement, celui qui, un instant égaré, viendrait prendre place au soleil de la vérité ? Mais cette vérité n'est pas la vôtre....

Nous nous souvenons que Benjamin Constant est mort

sous l'impression des regrets que lui avait causés sa conduite parlementaire pendant 15 ans, et son concours à l'exaltation de la royauté du mépris ; — nous avons vu, au même sujet, Laffitte, demander pardon à Dieu et aux hommes ; — nous avons entendu les nobles et magnifiques paroles de Madier-Montjau, flétrissant l'œuvre impie de 1830, à laquelle il avait pris tant de part. — Oseriez-vous dire d'eux que, *suivant le temps*, ils ont crié : *vive le Roi*, *vive la Ligue !*

Pourquoi-donc n'auriez vous pas, dans tous les cas possibles, la même justice et les mêmes entrailles pour un obscur citoyen ?

Vous pensez peut-être, messieurs de la *Gazette*, que je viens m'incliner devant vous et vous demander grâce. Détrompez-vous : j'explique des situations qui ont engagé, pendant de mémorables périodes de leur vie politique, la conscience et toute la conscience de certains hommes qui, éclairés, quoique tard, ont bien mérité de l'estime du pays.

Vous êtes si *cruelle* pour un homme qui a eu les allures républicaines pendant quelques jours (car, si j'ai bien compté, fin mars 48 mon enthousiasme avait passé de vie à trépas), que serez-vous donc pour ceux, bonne *Gazette*, qui noircissent vos colonnes et qui, depuis bientôt trois ans, ont jeté leur bagage dans le camp de la félonie ? — Que direz-vous de ceux de vos rédacteurs et alliés qui ont acclamé la République le 5 mai 48, époque à laquelle mon républicanisme m'était, depuis long-temps, rentré au corps ? — Que direz-vous de ceux qui ont serré la main au complice de l'infâme Deutz, à l'ignoble vendeur de la duchesse de Berry ? — de ceux qui ont inventé la rue de Poitiers, prôné la fusion-confusion, engendré le gâchis-burgrave où nous sommes ? — de ceux qui ont pris trois cent mille francs dans nos poches pour en gratifier la bru du fils de Philippe-Egalité ? — Que direz-vous, plus particulièrement, de ceux qui, prenant dans leur père, dans leur fils, dans leur beau-frère et autres la livrée de la République démocratique, se sont élevés assez haut dans les faveurs de l'Elysée, pour mériter d'être représentés comme formant de *petites dynasties?* — de ceux qui disent ou ont dit parmis vous : « Je suis républicain par nature ! » Le temps des monarchies est passé ! ! Je n'ai jamais vu de » figure de roi ! » — de ceux qui, républicains (toujours parmi vos intimes) sous la Constituante, fusionistes sous la Législative, hommes de liberté, comme nous la comprenons, au Conseil-Général des Bouches-du-Rhône, redeviennent burgraves dans le Gard pour l'édification de tous ? — Que penserez-vous enfin de ceux qui ont osé jeter, à la face de ces généreuses populations du Gard, qu'ils flattaient servilement dans les moments de péril, que le peuple n'était rien, et que, eux (les burgraves), ils étaient tout?...

Je n'en finirais pas si je voulais poursuivre. C'est assez; je ne veux exciter ni mauvaises passions, ni haines: je me contente de relever le mépris qui est venu chercher ces hommes auxquels, grâce à Dieu, je n'ai jamais ressemblé.

A tout prendre donc, fleur des burgraves, il vaut encore mieux avoir vécu deux fois quinze jours au milieu des illusions républicaines, que d'avoir été burgrave une seconde. Un républicain n'est que dans l'erreur; un burgrave est presque toujours dans les souillures....

Puisque vous m'attaquez sur mes principes, bonne *Gazette*, j'ai le droit de discuter les vôtres. Ma tâche sera facile, car vous êtes sans principes. Permettez-moi de ne pas argumenter de vos numéros des 9, 23 et 30 mars que vous citez avec tant de complaisance; j'y rencontrerais des contradictions flagrantes avec toute votre conduite postérieure. Je ne voudrais même pour cela que l'extrait cité de votre numéro du 27 février : mais cela vaut peu la peine de s'y arrêter.

Vous êtes sans principes, vous dis-je; et il vous convient moins qu'à personne de critiquer ceux d'autrui. De votre polémique et de vos amis politiques on ne sait qu'une chose, c'est que vous voulez l'ordre matériel. Comment voulez-vous que l'ordre politique revienne ? Quelle est votre solution ? Silence ! — Seulement vous et les vôtres vous faites juste ce qu'il faut pour fermer éternellement à l'exil les portes de la France....

Vous êtes sans principes, parce que vous êtes absolutistes ; et l'absolutisme est l'absence, la négation de tous les principes. — Vous êtes absolutistes, parce que vous êtes égoïstes : car l'absolutisme et l'égoïsme sont frères. C'est ce qui fait, burgraves, que le peuple vous repousse, parce qu'il sait que vous n'êtes propres qu'à corrompre ce qu'il y a de bon en lui.

Vous êtes sans principes, parce que vous êtes hommes de droit divin et d'ancien régime et que vous dites, avec la fameuse commisssion Berryer, digne de la commission des *dix-sept* : « La légitimité est un mystère qu'il serait dange- » reux d'approfondir.... » C'est ainsi que parlent les mandarins de la royauté, toujours prêts à la flatter, mais incapables de la servir.

Eh bien ! je vous répondrai, avec La Rochejaquelein : « Vos » principes (si tant est que vous en ayez) ne sont pas les miens. »

Je ne veux pas plus de talons rouges que de bonnets rouges.

J'aime la royauté mieux que vous, plus que vous ; et, mieux que vous, le peuple auquel j'appartiens, saura l'appeler et la défendre.

J'aime l'ordre représenté par cet auguste symbole ; mais j'aime aussi la liberté représentée par le suffrage universel : je suis Français avant d'être royaliste ; et c'est pour cela que je repousserai de toute mon énergie tout ce qui se fera sans la volonté de la France. Pour moi, comme pour le Roi : par la France ou pas !

Que voulez-vous dire maintenant, bonne *Gazette*, quand vous avancez que la *Gazette saura toujours tenir haut le drapeau de la droite ?...*

Je vous répète que votre drapeau sans couleur n'est pas le mien, parce qu'il n'est pas celui des Châteaubriand, des

Fitzjames, des Doudeauville, des Lourdoueix, des Genoude, des Larochejaquelein.

Votre drapeau, vous l'avez abaissé le jour où vous avez mutilé nos libertés, et accepté pour programme le prodigieux manifeste du comité Berryer, que nous nous contentons de vouer à la risée publique.

Et quant à nous, hommes du Droit National, hommes d'autorité et de liberté, exposés à vos attaques comme à vos invectives, nous vous déclarons que nous méprisons les unes comme les autres. Nous marcherons au but en colonnes serrées, convaincus que vos résistances ne tiendront pas devant l'énergie de la nation, que vous ne mènerez pas, soyez-en convaincus, burgraves, comme un vil troupeau !...

Frédéric BILLOT.

Arles-sur-Rhône, 28 septembre 1850.

Nîmes, Typ. et Lith. Baldy et Fabre, rue Sainte-Ursule, 1.

www.ingramcontent.com/pod-product-compliance
Lightning Source LLC
LaVergne TN
LVHW010020230826
846092LV00002B/925

9782019232160